Anne
une mort choisie

Diffuseurs

En Suisse

Diffusion Ouverture

En Budron H20
1052 Le Mont-sur-Lausanne
Tél. + 41 (0) 21 652 16 77
Fax + 41 (0) 21 652 99 02
Courriel : ouverture@bluewin.ch

En France

Éditions Olivétan

B.P. 4464
69241 Lyon Cedex 04
Tél. + 33 (0) 4 72 00 08 54
Fax + 33 (0) 4 72 00 02 74
Courriel : contact@editions-olivetan.com

CH – 1052 Le Mont-sur-Lausanne – 2018

ISBN 978-2-88413-368-5

Jean Mahler

Anne
une mort choisie

Son mot à dire
Éditions Ouverture

« Car l'essentiel est qu'il faut vivre quand même et il faut mourir encore vivant. Il y en a tant qui sont déjà morts quand la mort de la chair vient les prendre. Ils sont morts dans leur cœur depuis longtemps déjà, quand arrive la mort du corps ; et c'est sur ce cœur que je veille, afin qu'il dure jusqu'au bout. »

C.F Ramuz
(*Vie de Samuel Belet*)

Écrire au sujet de la mort de notre fille Anne.

Une nécessité qui s'est imposée. Avant tout pour rendre hommage à son choix et à son attitude digne et courageuse.

Écrire aussi pour témoigner de cette si émouvante et questionnante aventure qu'elle a vécue, et que nous, ses parents, avons traversée avec elle, en l'accompagnant jusqu'aux rives de l'inconnu. Un inconnu qui interpelle, bouscule et renvoie chacun de nous au mystère de l'humain et de sa condition.

La mort fait partie intégrante de la vie, elle n'est pas un événement fortuit, improbable (« S'il m'arrivait un jour quelque chose... » me disait mon père, alors qu'il approchait des cent ans), mais ce qui arrivera de façon certaine et inéluctable pour nous tous. Quelle que soit la manière – tranquille ou violente, attendue ou brutale, tardive ou précoce – dont elle survient.

Aussi, écrire au sujet de la mort, c'est écrire au sujet de la vie et de cette dimension de notre condition humaine, la finitude.

Avec toute la palette d'émotions, de questionnements et de représentations que celle-ci suscite en nous.

Ces pages ont été rédigées durant les mois qui ont suivi la mort d'Anne, tandis que les émotions immédiates, encore bien présentes en moi, me permettaient de revisiter les étapes significatives du cheminement sans trop en reconstruire le déroulement.

S'il s'agit d'une histoire singulière, elle peut néanmoins, par résonance, ouvrir sur une dimension universelle…

I

Juillet 2017

À pas lents, dans la fraîcheur de ce matin de juillet, nous cheminons sur l'antique draille qui serpente vers les lieux de l'estive des troupeaux.

Dans le sac à dos, sur mes épaules, l'urne contenant les cendres de notre fille.

Que c'est étrange de sentir le poids de cette urne et de penser que tout ce qui reste de son corps incinéré tient dans cette boîte métallique, étonnamment lourde !

Je ne parviens pas à faire coïncider en mon esprit l'image que je garde d'Anne vivante et celle de l'urne et des cendres. Il y a quelque chose d'irréel.

Voilà bientôt trois mois qu'elle a quitté cette vie, à quarante-quatre ans, de façon si digne, sereine et courageuse.

Avant de « rendre sa barque », selon l'expression de Théodore Monod, elle nous avait expressément demandé d'aller disperser ses cendres en ce lieu particulier des Cévennes vers lequel nous marchons.

Un lieu qu'elle aimait entre tous et qu'elle avait fait découvrir à son compagnon quelques mois avant qu'il soit lui aussi emporté par un cancer.

Elle nous avait raconté l'histoire d'un chaman amérindien qui, lors d'un de ses voyages-vision avait vu un paysage particulier qu'il avait instantanément reconnu quelques années plus tard. Invité à venir en France, quelqu'un l'avait conduit en cet endroit d'où le regard peut contempler la beauté subjuguante du paysage à l'infini. « C'est là ! » avait-il dit. Puis il s'était assis et avait longuement médité.

Je pense à Anne et à son intérêt pour les Indiens d'Amérique et leur vision du monde et de la vie qui lui convenait parfaitement. « Je dois avoir des origines indiennes » disait-elle parfois.

« Rendre ses atomes à l'univers » : c'est ce qu'elle voulait en cet endroit.

Et c'est à nous, ses parents, qu'il incombait de répondre à ce vœu.

Seuls le bruit de nos pas sur les cailloux et le souffle du vent troublent le silence. À certains passages, l'odeur âcre des genêts emplit l'air. Parfois, au détour du sentier, le paysage s'impose et force à la halte. Halte dans le mouvement et dans la pensée. Un moment durant lequel le moutonnement bleuté des montagnes dans la lumière rasante du matin, suscite un sentiment d'admiration qui s'insinue dans tout l'être.

Et la marche reprend, chacun de nous avançant à son propre rythme. Silencieusement, d'un signe de la main, nous nous indiquons un point de vue, une touffe de bruyère, un rapace en vol.

C'est curieux, je ne ressens pas de tristesse. Seulement le sentiment d'un acte important qu'il nous faut accomplir, acte juste, dernière étape concrète du chemin bouleversant qui nous a amenés à accompagner notre fille depuis l'annonce du diagnostic de sa maladie, jusqu'à sa mort choisie, quelque trois mois plus tard.

Non, pas de tristesse, mais une gravité paisible.

Arrivés à destination, nous nous asseyons en contrebas du chemin, face aux montagnes, afin de boire quelques gorgées d'eau après l'effort soutenu de la marche.

Soudain, comme surgi de nulle part, un jeune chat roux s'approche de nous en ronronnant et en se frottant à nos jambes. D'où peut-il bien venir en ce lieu éloigné de la civilisation ?

Nous ressentons cette apparition comme un émouvant clin d'œil. Anne aimait tellement les chats. Combien en a-t-elle nourris, soignés, sauvés ?

Et notre chat Sandor, très attaché à elle, qui, durant plusieurs semaines après sa mort, grimpait fréquemment l'escalier menant vers sa chambre en miaulant de manière nouvelle, comme désespérée.

Elisabeth répand d'abord une poignée de cendres au pied d'un des rares arbres présents.

Puis, tenant l'urne au-dessus de moi, je jette une grande partie de son contenu dans le vent. Un fugace nuage gris s'élève en tournoyant dans la lumière.

Le chat nous observe en nous serrant de près, témoin inattendu de cette intime cérémonie.

Le reste des cendres saupoudre le bas de la prairie sèche où nous sommes.

Adieu Anne ! Tu as rendu tes atomes à l'univers dans ce paysage grandiose. Peut-être le sourire du vieil Indien t'accompagne-t-il…

Le chat a mangé quelques raisins secs, bu quelques gorgées d'eau dans le creux d'une pierre. Après une ultime caresse, il est reparti discrètement, comme il était venu.

Quant à nous, après un dernier regard vers la prairie où deux ou trois taches grisâtres rappellent ce qui vient de se dérouler, nous reprenons le chemin en sens inverse.

Maintenant, le pas semble moins pesant, la parole est libérée.

Nous évoquons le soulagement d'avoir accompli ce qui devait l'être.

« C'est vraiment ce qu'elle voulait ! »

Désormais, ce lieu est marqué à jamais, pour nous, d'une signification tellement particulière.

Y reviendrons-nous ? En tous cas, l'image est au creux de nous, imprimée profondément.

Le soleil est maintenant haut dans le ciel, la chaleur commence à se faire sentir. Une myriade d'insectes volètent, sautillent autour de nous.

Le sac à dos est plus léger à mes épaules…

Quel est le poids d'une vie humaine ?

Quelles traces laissons-nous ?

Quelques petites taches grises que le vent et la pluie effaceront rapidement ?

Sur le chemin du retour, les souvenirs affluent pêle-mêle, et dans mon esprit peu à peu se déroule le fil de l'aventure qui nous a confrontés à la mort d'une manière à la fois bouleversante, poignante et belle.

Sur cette draille que de pas d'humains et d'animaux en transhumance pendant des siècles !

Sur cette draille, plusieurs fois tu as marché, Anne, depuis ton enfance.

Pas un séjour dans les Cévennes sans au moins un « pèlerinage » en cet endroit.

Au travers de tes cendres, tu reposes désormais au cœur de la montagne cévenole qui fut pour toi un lieu d'ancrage, un havre.

2

Juste après la mort de son compagnon, le lendemain de Noël 2015, Anne est revenue vivre chez nous. Elle était dévastée. Son présent se résumait à un seul mot terrible : perte.

Perte de l'homme qu'elle aimait et par ricochet perte de son travail et de son lieu de vie.

Un bonheur éphémère mais d'une intensité rare, sur fond d'un contexte difficile en raison de la situation familiale de son compagnon.

Cette réalité la frappa de plein fouet à son décès.

Elle et lui, chirurgien plasticien, avaient réuni depuis quelques mois leurs compétences professionnelles et leurs regards complémentaires sur le visage humain.

D'un côté le médecin, de l'autre la maquilleuse-visagiste. Cette collaboration fructueuse les enthousiasmait l'un et l'autre.

Pour Anne, cela relevait de la réalisation

inespérée d'un long parcours professionnel et d'une recherche qui s'étaient jusque-là avérés laborieux.

Rayonnait alors la lumière éclatante d'une relation amoureuse ouverte enfin sur les possibles de la vie.

«J'ai tout perdu!» nous dit-elle en arrivant chez nous, abattue, hagarde.

En de telles circonstances dramatiques, que dire? Quelle parole de consolation possible?

Aucune, sinon se taire et se tenir là simplement dans une présence et un accompagnement au jour le jour.

Traversée mouvementée, infiniment douloureuse.

À plusieurs reprises, nous avons craint qu'elle ne soit engloutie par le chagrin.

Sentiment d'impuissance totale de notre côté...

Quelques personnes animées de bonnes intentions tentèrent de la stimuler, de l'encourager à trouver rapidement un travail qui puisse la motiver.

Mais qu'est-ce qui peut bien motiver au sein

d'une telle désespérance, dans un premier temps où domine l'état de choc ?

Heureusement, elle put trouver dans l'accompagnement attentif et empathique d'un professionnel, un soutien et une aide lui permettant d'avancer pas à pas, de traverser ce qui au premier abord lui semblait impossible.

Avec la mort de son compagnon, elle avait l'impression qu'une partie d'elle-même était morte et elle ne parvenait pas à envisager la possibilité de se reconstruire.

Elle ne supportait pas les expressions qu'elle entendait autour d'elle (toujours les bonnes intentions !) : faire son deuil, le travail de deuil, refaire sa vie…

Que d'expressions maladroites et convenues qui ne peuvent rejoindre la personne dans sa souffrance et semblent avoir pour unique fonction de protéger celui qui les prononce.

Après plusieurs mois fort lourds, pour elle comme pour nous, elle commença à reprendre pied. Elle renoua des contacts et entreprit des recherches d'emploi. Celles-ci la confrontèrent malheureusement à une réalité cruelle.

Plus tard, la rencontre avec une coach qui comprit immédiatement sa situation l'aida à revisiter son parcours professionnel et à reprendre confiance en ses compétences artistiques. Au-delà des petits boulots mal rémunérés et peu valorisants, elle commença à envisager de pouvoir reprendre ses pinceaux de maquilleuse et d'utiliser tout ce qu'elle avait acquis dans son parcours antérieur et au fil de la collaboration avec son compagnon.

Un jour, elle fit une terrible chute dans la forêt au cours d'une de ses nombreuses balades en solitaire. Gravement commotionnée, blessée, elle traversa à nouveau une période délicate, mais qui, paradoxalement, la ramena ensuite davantage dans la vie et la perspective d'une reconstruction possible.

Arrivèrent alors les premiers symptômes inquiétants : fatigue grandissante, saignements réguliers.

Le médecin consulté ne s'alarma pas, mettant ces symptômes sur le compte des différents chocs vécus récemment.

Mais ils persistèrent, s'aggravèrent et nous

insistâmes pour qu'elle retourne consulter. Cette fois, le médecin l'envoya faire un examen approfondi.

Avec elle, nous craignions des résultats inquiétants…

3
Début janvier 2017

Annoncé sans ménagement, le diagnostic du cancer déjà bien installé, tomba comme un couperet.

Ce ne fut pas un terrible choc pour Anne, qui depuis un moment, sentait, savait.

Elle accepta d'effectuer un autre examen, lequel ne fit que confirmer le premier diagnostic.

Elle nous déclara rapidement qu'elle refuserait d'entrer dans un douloureux processus de soins n'ayant pour but que de retarder un peu la mort, au prix fort.

Ce que son compagnon, lui, avait accepté, parce qu'il désirait tellement vivre, au moins quelque temps, sa relation avec elle.

« C'est quand même terrible qu'il ait fallu ce cancer pour me faire bouger ! » nous avait-il dit lors de notre unique rencontre.

Finalement le cancer l'avait emporté malgré tous les lourds traitements, dont la dernière intervention chirurgicale qui dura dix-huit heures.

Peu avant sa mort, Anne et lui avaient longuement parlé de ce douloureux parcours du combattant (l'injonction du « bats-toi ! ») et il lui avait dit qu'avec le recul, il ne voudrait plus emprunter ce chemin.

Anne avait répondu que telle était bien sa position à elle aussi, si elle devait un jour se retrouver dans une situation semblable.

Cette conviction l'habitait depuis fort longtemps.

Un an après le décès de l'homme qu'elle aimait, elle se retrouvait à son tour à ce carrefour de vie.

Le corps médical faisait pression afin qu'elle entre le plus vite possible dans le protocole habituel : opérations, chimiothérapies, radiothérapies.

Anne exigea d'obtenir d'autres avis médicaux, ce qui ne fut pas apprécié par son médecin traitant.

Désobéissance à l'autorité ainsi remise en question ?

Difficulté – ou impossibilité – d'admettre que le patient soit ce qu'il est, c'est-à-dire le premier concerné, et que n'appartenant pas à l'institution médicale, il ait le droit de choisir ce qu'il veut pour lui ?

Tout cela en même temps, sans doute. Mais plus en profondeur se manifestait à l'évidence chez plusieurs soignants la négation de la mort, issue qui n'entre pas dans le protocole de soin autrement que comme un échec.

Se battre, avancer coûte que coûte !

Mais avec quelle perspective ?

Au prix de quelles interventions invalidantes ?

Et pour quelle qualité de (sur)vie ?

Tenant bon malgré les injonctions, Anne obtint deux autres avis de spécialistes, qu'elle consulta avec une liste de questions précises. Réalisant qu'elle attendait des réponses claires, ils lui confirmèrent très honnêtement ce qu'elle savait déjà : aucun espoir de guérison, mais la perspective d'une survie fortement douloureuse et difficile, soutenue par des propositions de traitement parfois contradictoires.

Dès lors, sa décision fut rapidement prise : « Je refuse ces protocoles et je vais faire appel à Exit[1]. »

Elle nous l'annonça de manière calme et déterminée, nous disant combien elle regrettait de devoir nous impliquer dans cette démarche.

Nous ne fûmes pas surpris par sa décision qui s'inscrivait dans la ligne des propos que nous l'avions entendue tenir, à plusieurs reprises, bien avant la maladie de son compagnon, quant au droit de choisir sa mort.

Pas surpris certes, mais quand même, cette annonce nous figea, et le mot *Exit* provoqua une intense sensation de froid le long de ma colonne vertébrale.

Les idées et les images se bousculaient dans ma tête : cancer, refus des soins, mort prochaine, décidée, provoquée à un moment fatidique... Quand ?...

Peur, tristesse, effroi.

Exit. Ce mot me renvoyait à mon ambivalence envers une telle démarche que je pouvais

---

1. Exit ADM : Association pour le Droit de Mourir dans la Dignité

totalement admettre dans certaines situations dramatiques, tant qu'il s'agissait de personnes éloignées.

Mais là, c'était de ma fille dont il s'agissait. Ma fille qui, à quarante-quatre ans, disait paisiblement: «Je vais faire appel à Exit.»

Elle nous demanda ce que nous en pensions, ce que cela suscitait en nous, réitérant ses excuses de «devoir nous faire subir cela».

Notre réponse évidente, immédiate, jaillit du cœur: «Quelle que soit ta décision et malgré tout ce que celle-ci peut faire résonner en nous, nous la comprenons, l'acceptons, et nous t'accompagnerons.»

Très émue, elle nous remercia, manifestant son soulagement.

Plus tard, plusieurs personnes nous demanderont: «Comment avez-vous pu accepter ainsi et accompagner votre fille jusqu'à la mort? Si je m'imagine dans une situation semblable, cela me semble impossible.»

On ne peut tout simplement pas imaginer.

Il faut être confronté à cette réalité, l'accepter, la traverser et la vivre. C'est à ce moment-là que l'on peut emprunter pas à pas le gué qui permet de franchir les eaux tumultueuses.

J'entrai dans une sorte d'état second, comme suspendu, où tout était mis entre parenthèses. La nécessité d'être présent s'imposait, quoi qu'il se passe, en donnant toute la place à ce qui se révélait vraiment essentiel, pour elle et pour nous : l'accompagnement d'Anne sur son chemin et la primauté donnée à la relation.

Une relation qui aurait une fin prochaine.

Lorsque sa sœur Esther apprit la nouvelle du diagnostic et de sa décision, elle fut très ébranlée. Mais rapidement elle put dire : « Je comprends et j'approuve sa décision. À sa place, je crois que je ferais la même chose. Oui, je comprends, même si la perspective de sa mort me bouleverse. »

Les symptômes de l'aggravation du cancer se manifestaient de plus en plus.

Exit accepta son dossier et Anne eut une première rencontre avec celui qui serait son accompagnateur.

Puis nous eûmes une rencontre avec lui et elle.

Exit ne possédant pas de lieu dédié et Anne habitant chez nous, cela se passerait donc dans notre maison qui fut la sienne durant sa dernière année de vie.

Les intervenants d'Exit, auxquels je tiens dans ces lignes à rendre hommage, furent des modèles d'écoute empathique et de professionnalisme.

L'accompagnateur fit parfaitement son travail en insistant jusqu'à la dernière minute, sur la possibilité qu'avait Anne de changer d'avis.

Des mots clairs étaient posés, éveillant des émotions profondes jamais éludées.

Que c'était étrange de se trouver à parler ainsi de sa mort ! Elle qui, très droite à l'intérieur d'elle réaffirmait à chaque fois sa décision, sereinement.

Parfois, nous nous demandions : « Sommes-nous de mauvais parents en acceptant cette décision de notre fille, en ne la poussant pas à se battre, comme on l'entend souvent ? »

Oui, dans le cas d'un cancer guérissable, sans aucun doute l'aurions-nous encouragée dans une démarche thérapeutique. Mais dans sa situation particulière…

À cette question inévitable et légitime qui revint plusieurs fois, répondait une certitude issue du plus profond de notre être : elle faisait le choix juste, juste pour elle.

Le choix de décider de ne pas subir un chemin de souffrances inutiles et de partir vivante, dans la dignité.

Pour nous, ses parents, l'amour consistait-il à vouloir la contraindre à se «battre pour nous», posture bien égoïste de notre part, ou au contraire à accepter et valider son choix courageux et lucide? À cette question la réponse était claire, même si elle nous confrontait à des émotions tempétueuses.

Anne étant allergique aux différents opiacés, nous étions inquiets par rapport à l'évolution de sa maladie et à l'apparition de douleurs qui deviendraient insoutenables. En outre, deux risques majeurs se profilaient: une hémorragie massive ou une occlusion intestinale.

Elle souhaitait, et nous avec elle, trouver un médecin qui puisse accepter son choix et l'accompagner.

Deux tentatives se soldèrent par un échec qui la révolta et dès lors elle décida de ne plus chercher dans cette direction.

Elle s'installa dans une tranquillité qu'elle conserva jusqu'à la fin. De notre côté, l'inquiétude monta d'un cran.

Heureusement, nous eûmes la possibilité d'avoir des contacts réguliers avec deux amis médecins retraités, qui comprirent et soutinrent la décision d'Anne. Leur présence rassurante et éclairée nous aida à traverser les peurs liées à l'incertitude de l'évolution de la maladie.

Son psychothérapeute lui manifesta également un inestimable soutien par son acceptation et son écoute indéfectible jusqu'à la fin.

Mais il fallait quand même traverser le gué.
Et le grondement des eaux levait en nous de grandes et noires frayeurs.

4

Que d'échanges avons-nous eus, tous les trois, dans le sentiment de l'urgence à nous dire ce qui devait être dit !

Rappels du passé, moments heureux, menus détails de l'enfance. «Tu te rappelles quand tu avais écrasé mon chapeau de paille tout neuf dans le coffre de la voiture rempli de bagages en partant en vacances ?»

Quelques reproches aussi, liés à notre incompréhension de parents, parfois.

Rires, à l'évocation d'épisodes anciens, nostalgie d'un temps qui n'est plus.

Anticipation du moment si proche où s'éteindra l'échange qui ne pourra plus avoir cours entre nous.

Je crois que nous avons pris soin de clarifier consciencieusement ce qui demandait à l'être afin de créer un espace au sein duquel les derniers jours pourraient être pleinement vécus.

Afin qu'il ne demeure aucune parole retenue qui puisse par la suite ouvrir la porte aux regrets ou à la culpabilité.

Devons-nous attendre de telles circonstances pour nous montrer autant attentifs à cet essentiel de la relation ? Ou bien, seule l'urgence peut-elle nous obliger à entrer dans cette qualité d'échange ?

Le délai n'avait pas encore été évoqué clairement par Anne. Cependant, au vu de l'aggravation des symptômes et de sa faiblesse grandissante, nous savions qu'il s'agissait seulement d'une question de semaines.

D'autant plus que nous imaginions bien qu'une occlusion entraînerait inévitablement une hospitalisation l'amenant dans la situation qu'elle voulait absolument éviter : intervention chirurgicale, acharnement thérapeutique, et cela malgré les directives anticipées dûment signées par elle.

Le patient ne s'appartient plus lorsqu'il entre dans la « grande machine à soigner ». Une machine programmée pour agir, sans la prise en compte de cette réalité qu'elle élude : la mort.

À l'un des chirurgiens consultés, Anne avait

dit : « Je sais que vous êtes formé pour soigner, mais sincèrement, qu'avez-vous à me proposer qui me donne envie d'entrer dans un tel processus de soins ? »

Le praticien avait esquissé un pauvre sourire et avait plongé son regard dans ses dossiers. « Je vous comprends… », avait-il murmuré.

Un soir, à la fin du repas, au cours duquel avaient été abordées plusieurs étapes de sa vie qui n'avaient été faciles ni pour elle ni pour nous, elle me regarda et me dit abruptement : « Franchement, j'ai été souvent chiante, n'est-ce pas ? »

Tous ces jours, à maintes reprises elle m'a interloqué par sa manière franche, sans ambages de dire les choses. Comme si elle éprouvait le besoin impérieux de ne rien laisser traîner derrière elle.

La regardant en souriant, je lui réponds : « Oui, je confirme. Mais tu n'as pas été que cela. »

Quelle liberté de ton et de parole entre nous ! Et de quelle lucidité elle fait preuve à tous niveaux !

Effectivement, nos relations ont été tendues et laborieuses à plusieurs moments, tout particulièrement durant les mois qui ont suivi la mort de son compagnon.

Blessée à tous les plans de son existence, elle souffrait intensément et nous subissions de part et d'autre une cohabitation immanquablement génératrice de conflits.

Depuis l'annonce du diagnostic et sa prise de décision, un apaisement s'était fait sentir en elle, entraînant une amélioration bienfaisante des interactions.

Une nouvelle étape commençait. L'heure était à l'accent mis sur l'essentiel pour elle et pour nous.

Elle se préparait à mourir.

Nous nous préparions à l'accompagner jusqu'à l'ultime passage.

Tout le reste s'en trouvait désormais relativisé.

Lorsqu'un être cher va bientôt s'en aller au-delà de la vie, quel est donc cet essentiel ?

En fait, il se précisait, s'imposait de lui-même, de façon naturelle, au jour le jour.

À partir du moment où les circonstances de l'inéluctable étaient posées et acceptées, nous étions entrés dans un étrange espace paradoxalement très vivant.

Là se tenaient également sa sœur et quelques amis placés dans la confidence, présences rassurantes et tellement importantes. Et à sa lisière, se trouvaient un certain nombre de proches, membres de la famille et connaissances, uniquement au courant de sa maladie et de son refus de traitement.

Cela répondait au désir d'Anne, clairement exprimé, de préserver ce qui lui appartenait encore en propre.

Pour ma part, je réalise combien mon itinéraire personnel antérieur, ma formation et ma pratique de psychothérapeute, ont concrètement porté leurs fruits en développant en moi – à mon étonnement reconnaissant – la capacité à traverser aussi sereinement cette période.

Je n'ai pas cessé de travailler, appréciant de pouvoir continuer mes consultations, dans une écoute réelle des autres, sans être envahi par mes émotions.

Posé dans ma nécessité intérieure qui m'obligeait à garder mon axe, je pouvais reconnaître les émotions diverses et fluctuantes sans être noyé dans leurs flots.

« Ni fuir, ni suivre », disent les bouddhistes à propos des émotions. Cette parole m'est souvent venue à l'esprit.

Elisabeth de son côté, présente au quotidien auprès d'Anne, se trouvait davantage au front que moi.

Heureusement, son cheminement personnel et son expérience d'infirmière lui furent d'un grand secours pour conserver un équilibre, souvent fragile et ténu, alors que la mère en elle était constamment et puissamment sollicitée.

Un élément très important également fut la relation de couple. Au cours des années, nous avions vécu de nombreuses étapes de vie. Chaque fois, notre équipage avait tenu bon, s'en était trouvé raffermi.

Mais nous n'avions jamais imaginé être confrontés à une telle circonstance. Nous la traversâmes ensemble, échangeant beaucoup, confrontant nos questions, nos émotions, et nous soutenant l'un l'autre.

Cela fut une force qui se révéla capitale.

Nous n'avons pas été isolés chacun dans le silence de notre souffrance.

La vie circulait entre nous.

5

Début avril 2017

Nous étions tous deux très préoccupés par la nécessité de ne pas perdre de temps et de vivre avec notre fille tout ce qui pouvait lui faire plaisir avant le grand départ.

Faire… ensemble… pour la dernière fois…

Quelle étrange et bouleversante perspective !

Anne, dans un premier temps, exprima le désir de réaliser un ultime grand voyage. Les Maldives, où elle avait vécu autrefois des jours inoubliables ?

Renonçant à un tel projet au vu de son état, elle envisagea alors les côtes bretonnes. Les grands horizons, l'océan, plus proche.

Puis elle pensa aux Cévennes, réalisant rapidement que cela serait trop difficile au plan émotionnel, par rapport au merveilleux séjour qu'elle y avait vécu avec son compagnon, le dernier été précédant sa mort.

La fatigue envahissante et les pertes de sang de plus en plus fréquentes l'amenèrent à renoncer à ces différents projets et à accepter une proposition de notre part: passer une journée dans le Jura français, région que nous avions visitée plusieurs fois en famille et qu'elle appréciait en raison des grands espaces et de la présence puissante des éléments naturels.

Nous sommes donc partis par un matin de printemps, superbe, pour un périple qui répondit à ses attentes, même s'il se révéla épuisant pour elle.

Magnifique région que le département du Doubs !

À l'aller, je réalisai que c'était là que mes parents s'étaient connus et mariés autrefois.

Retour aux sources...

C'était d'ailleurs aux sources d'une rivière, le Lison, qu'Anne avait souhaité se rendre. Nous y étions allés avec elle et sa sœur à l'époque de leur enfance.

Vers midi, nous sommes arrivés dans un petit village niché au creux d'un paisible et verdoyant vallon où une auberge de campagne nous régala d'un délicieux repas préparé avec les produits du terroir.

Elle avait toujours aimé la bonne chère. Elle apprécia donc, malgré son appétit qui s'amenuisait au fil des jours.

Petit clin d'œil : le village s'appelle *Nans-sous-Sainte-Anne* !

Après le repas, une marche facile nous emmène vers la source du Lison. Cet affluent de la Loue jaillit majestueusement de la roche. À cet endroit, la nature laissée libre est exubérante et exsude ses puissantes odeurs : l'eau, le bois, la terre et la mousse.

Non loin, une immense grotte, dite des Sarrasins, replace instantanément l'humain à ses justes proportions.

Anne observe, admire, médite.

Dernier voyage avec elle, sans doute.

Tristesse.

Revenir au présent, savourer ces instants.

Une classe d'écoliers nous dépasse sur le sentier, laissant sur le sol plusieurs emballages de friandises, négligemment abandonnés dans la nature.

Anne s'emporte contre ces gestes irrespectueux. Elle ramasse les papiers en pestant et se propose d'aller apostropher l'accompagnatrice du groupe. « C'est à elle de les éduquer ! Si les adultes ne le font pas... »

Nous l'en dissuadons tout en approuvant sa réaction.

Cette balade l'a épuisée. Elle est blême, doit s'arrêter fréquemment, et nous lui suggérons de garder ses forces.

Je repense à une autre scène similaire. C'était il y a plusieurs années. Elle nous avait accompagnés en vacances en Bretagne et s'insurgeait régulièrement contre l'attitude irresponsable des touristes piétinant la fragile dune hors des sentiers balisés et la parsemant de divers détritus.

Dès l'enfance elle avait développé une conscience aiguë de la beauté fragile de la planète et de l'inconséquence humaine à son égard.

Nous cheminons le long de la rivière, en échangeant quelques mots sur une fleur, un arbre, une touffe de mousse, un chant d'oiseau.

Sur la route qui nous ramène chez nous, en fin de journée, elle somnole, paisible.

Elisabeth et moi sommes remplis d'une gratitude teintée de tristesse envers cette journée que nous venons de vivre ensemble.

Une certitude s'impose : ce sera notre dernière balade.

Dans le rétroviseur, je vois son visage endormi, fatigué.

6

Désormais, à part quelques courtes promenades aux alentours de notre village, Anne restreint ses habituelles pérégrinations.

Elle semble peu souffrir, étonnamment, mais nous la soupçonnons de cacher beaucoup. Certaines grimaces furtives ne nous échappent pas. Elle a à sa disposition des antalgiques et cela semble lui suffire pour le moment.

Elle lit beaucoup, bricole un peu, continue de promener les chiens et les ânes de ses amis. Mais le pas se ralentit, les balades se font plus courtes, moins fréquentes.

Elle rentre épuisée et fait une sieste dont elle a du mal à sortir.

Elle veut continuer à s'activer coûte que coûte.

Parfois elle dit: «Allez, il faut que je me secoue!»

Lorsqu'elle part seule dans la nature, nous sommes inquiets. Peur d'un malaise, d'une chute. Elle refuse toujours d'emporter son téléphone portable. « Pas quand on est dans la nature, voyons… »

Surtout, elle passe beaucoup de temps à mettre ses affaires en ordre. Elle classe des documents, écrit des fiches où figurent diverses instructions qui nous sont destinées.

De temps en temps, une larme furtive.

Elle parle de plus en plus de son compagnon et des moments intenses qu'ils avaient enfin pu vivre ensemble durant sa dernière année de vie. Alors, son regard s'illumine.

Souvent elle dit les yeux brillants : « C'était une belle histoire, un bel amour ! », en guettant notre approbation.

C'est comme si elle voulait se remémorer le moindre détail, revivre la quintessence de cette relation amoureuse, s'en remplir avant de s'en aller.

Elle continue à perdre beaucoup de sang et s'épuise.

Jusqu'où tiendra-t-elle ?

Nous ressentons parfois des bouffées de colère à l'égard des médecins qui n'ont pas pu l'entendre et l'accompagner dans son choix. Cet accompagnement respectueux du choix du patient ne devrait-il pas faire partie des soins médicaux ?

Nous craignons une dégradation brutale et ses conséquences.

Mais nous ne pouvons tout de même pas lui dire : « Dépêche-toi, appelle Exit et choisis une date !... »

Elle est en fait totalement consciente de la situation et de l'épée de Damoclès suspendue au-dessus d'elle.

Un jour elle nous dit : « Je vais essayer de tenir jusqu'à Pâques. Et puis, il y a aussi l'anniversaire de maman. »

Pour nous parents, l'inquiétude sourde et grise est présente en filigrane de chaque instant.

Un soir elle exprime le fait qu'elle ne pourra pas tenir encore longtemps et qu'elle a l'impression qu'une partie d'elle-même déjà s'en est allée.

7

Un jour, entre deux consultations, je reçois un appel téléphonique d'Elisabeth: «Anne a contacté Exit. Elle a choisi une date. Ce sera jeudi prochain.»

Dans une semaine, à peine!

Une immense vague glacée parcourt tout mon corps. Pendant un long moment, aucune pensée, aucune émotion distincte. Une suspension.

Je respire à peine.

Puis, vient une sorte de soulagement dont j'ai un peu honte.

Mais oui, soulagement par rapport à cette incertitude anxieuse, cette tension continuelle vécues depuis de nombreuses semaines.

La pensée, les émotions peuvent peu à peu se réorganiser autour de cette échéance qui est désormais posée.

« Maintenant, nous y sommes » pensai-je.

Un grand calme s'empare de moi.

Je termine les consultations du jour.

À la maison, je retrouve Anne qui paraît calme et soulagée. Elle l'exprime clairement.

Sa mère a les yeux humides, mais elle me fait part d'un ressenti totalement identique au mien.

Le compte à rebours a commencé. Ce qui était flou est devenu terriblement précis. Maintenant ce n'est plus qu'une question de jours.

Au repas, nous échangeons nos mutuelles réflexions et émotions, d'une façon plutôt tranquille. Nous réaffirmons notre total soutien à Anne, qui rapidement nous dit ne pas vouloir parler davantage en ce moment.

Elle souhaite regarder la télévision, et nous visionnons ensemble un film.

Une personne extérieure pourrait, en nous voyant, penser à une soirée comme une autre. Trois personnes normales qui regardent la télévision un soir normal.

La différence, c'est que l'une des trois personnes vient de décider la date prochaine à laquelle elle quittera cette vie.

Avant de m'endormir, j'imagine les détails très concrets de ce moment final et laisse passer la vague d'émotion qui me traverse.

8

« Alors, écoute-moi bien. Tu sais que je veux être incinérée. Donc, pas de cérémonie, pas de tralala inutile. Arrêtons de nous prendre trop au sérieux. On vit, on meurt. Pour le cercueil, pas de bois. Encore moins du bois exotique, mais un simple cercueil en carton. Déjà que nous polluons de notre vivant, si en plus nous polluons en mourant. »

Jusqu'au bout, elle défend âprement sa vision écologique. Celle-ci l'avait amenée à se mobiliser concrètement pour plusieurs causes, comme les arbres, les hérissons, les grenouilles, etc.

Elle est congruente jusqu'à la fin.

Elle nous oblige à parler concrètement, crûment, de sujets qui pour elle font partie de la préparation à sa sortie du monde.

« Alors, tu me promets ? Je peux compter sur vous ? »

Nous convînmes que si nous ne trouvions pas de cercueil en carton, nous opterions pour le contreplaqué.

« Mais renseigne-toi sur les colles polluantes ! »

« Promis ! »

À ce moment encore, si quelqu'un d'étranger à la situation nous entendait, que penserait-il de ce dialogue, de ces propos sans fard autour d'un événement encore tellement tabou dans notre société dite libérée ?

Tous les détails furent abordés, et nous dûmes insister pour faire valoir nos propres besoins face à ses exigences et trouver un compromis acceptable de part et d'autre.

Durant l'une de ces conversations, je lui dis: «Tu pars, nous nous restons, et il est important que tu acceptes ce qui nous est nécessaire à nous qui te survivrons.»

Elle acquiesça et nous remercia en s'excusant une fois encore de nous imposer tout cela.

Nous étions impressionnés par la minutie qu'elle mettait dans la préparation de sa mort et l'attention à ne rien omettre.

En fait, son attitude sereine et déterminée se révélait une aide précieuse dans notre accompagnement. Elle nous forçait à affronter tous les points, dont certains que nous n'avions pas forcément envie d'aborder.

Car s'ils concernaient la mort prochaine d'Anne, ils nous renvoyaient par résonance à la nôtre.

La veille du dernier jour, le facteur sonne à la porte avec un grand colis au nom de notre fille.

C'est un nichoir pour chouette qu'elle venait de commander et qu'elle m'avait demandé d'installer dans l'un des grands arbres du jardin où un couple de ces oiseaux avait passé l'hiver, à sa grande joie.

Puis ils avaient déserté notre jardin et elle s'en inquiétait, pensant que le nichoir les inciterait à revenir.

Un voisin et son épouse qu'elle aimait beaucoup vinrent quelques jours après sa mort pour procéder à la mise en place du nichoir.

Sans m'en parler, elle leur avait demandé de s'en occuper, de peur que j'oublie ou que je recule devant la difficulté de l'opération.

Quelque temps plus tard, les chouettes sont revenues.

Certains soirs, nous apercevons leurs silhouettes sombres dans la clarté du réverbère proche.

9

19 avril 2017

Dernier soir.

Le repas a été paisible.

Nous avons parlé de tout et de rien.

Tout à coup Anne dit simplement avec une voix douce: «Vous savez, je crois que je suis déjà partie.»

Que répondre? C'est vraiment l'impression qu'elle nous donne depuis plusieurs jours. Elle mange peu, devient de plus en plus pâle au fur et à mesure qu'elle perd davantage de sang.

Elle a fait encore quelques dernières petites promenades, a dit au revoir aux chiens, aux ânes, aux chats et aux arbres.

Elle ne veut plus voir personne et a laissé (nous l'apprendrons plus tard) un petit mot aux voisins à qui elle a confié la tâche de s'occuper des chouettes.

Elle se replie à l'intérieur d'elle-même.

Oui, elle est déjà partie et nous ne pouvons

ni ne voulons l'en empêcher.

Nous l'accompagnons du mieux dont nous sommes capables, sur le chemin escarpé qu'elle a choisi en toute lucidité.

Ce sont les dernières heures que nous passons ensemble, la dernière soirée.

Tout à l'heure, comme plusieurs fois ces jours derniers, sa sœur a téléphoné pour prendre des nouvelles. Elle s'inquiète pour Anne, pour nous, et nous sentons l'émotion qui grandit en elle.

Anne ne veut plus parler.

Curieusement la dernière soirée ne se révèle pas aussi difficile à vivre que nous l'imaginions. Nous avons maintes fois anticipé les étapes du processus amenant aux ultimes moments. Maintenant nous y sommes plongés et nous suivons le fil de l'eau, pourrais-je dire.

Dans la soirée, elle s'apprête à monter dans sa chambre, s'immobilise au milieu de l'escalier et s'adresse à nous: «Il faut que je vous dise quelque chose, les parents. Grâce à votre rencontre je suis arrivée sur la terre. Je n'avais rien demandé, mais je suis arrivée. J'ai été consciente, j'ai vu la beauté du monde et aussi sa laideur et sa violence. J'en ai souvent bavé, mais j'ai pu réaliser plusieurs projets qui me tenaient à cœur. Et puis j'ai connu un grand amour. J'ai aimé et j'ai été aimée.

Alors ce que je n'aurais pas pu vous dire il y a quelques années, je peux le dire ce soir : Merci à la vie et merci à vous !

Certains partent beaucoup plus tard, d'autres beaucoup plus tôt. Moi je pars à quarante-quatre ans, sans regret. »

Elle marque une courte pause, puis nous lance d'un ton presque désinvolte : « Bon, bonne nuit ! »

Et elle monte dans sa chambre, nous laissant pantelants d'émotion, abasourdis, mais reconnaissants et rassurés.

Tout est dit !

Peu après, les parents qui ont entendu cet extraordinaire discours qui clôt toute une vie, vont se coucher à leur tour.

Nous sommes tous deux silencieux, épuisés.

Vais-je réussir à dormir ? En fait, je m'apprête à passer une nuit blanche.

Anne est seule dans sa chambre. Que fait-elle, à quoi pense-t-elle ?

Nous nous retenons d'aller la trouver, réalisant bien qu'elle a besoin, comme elle nous l'a fait comprendre, de rester seule avec elle-même.

Elisabeth lui a redit depuis le salon: «Tu peux venir nous trouver cette nuit si tu en éprouves le besoin!»

Cela me rappelle le passé, lorsque la maman disait à l'une de ses petites filles malade: «Si tu ne te sens pas bien cette nuit, viens me réveiller!»

Comment cela va-t-il se passer demain matin?

Les pensées s'agitent.

C'est bien à neuf heures et demie que l'accompagnateur d'Exit vient?

Il nous a décrit en détail le déroulement des événements, mais comme il est difficile maintenant de les envisager concrètement!

Puis, le sommeil nous emporte tous les deux dans un espace sans question, sans émotion.

10

20 avril 2017

C'est ce matin !

Ce matin qu'Anne va mourir comme elle l'a décidé, afin de mourir vivante et non pas dans la décrépitude souffrante, issue fatale d'une maladie plus forte que tous les traitements.

Les gestes machinaux rassurent : la toilette, la préparation du petit déjeuner.

En arrière-fond, cette étrange pensée : dans quelques heures, Anne va nous quitter.

Pas d'effroi, mais une profonde tristesse mélangée au sentiment que cela ne peut être autrement, que cela est juste.

À certains moments, je m'en veux d'être si calme, comme l'est également Elisabeth. Comme l'est Anne aussi, assise en face de moi à la table de la cuisine.

Car nous prenons notre petit déjeuner comme nous l'avons fait d'innombrables fois, si ce n'est que ce matin, c'est le dernier que nous partageons tous les trois.

Elle s'est préparé deux grosses tartines qu'elle recouvre d'une épaisse couche de Nutella qu'elle mange avec un plaisir évident. Trait d'humour: «Aujourd'hui, je peux bien me le permettre.»

Nous nous regardons, nous nous sourions.

Dans ma tête une question tourne: avons-nous encore quelque chose à nous dire? N'avons-nous rien oublié?

Les derniers jours défilent dans ma mémoire: ultime balade, ultime conversation sur le passé, sur notre relation, et sur le moment fatidique.

Non, il n'y a rien à rattraper, l'aventure est parvenue à sa dernière étape.

Après le déjeuner, elle monte dans sa chambre. Nous l'entendons froisser des papiers, ouvrir et fermer des tiroirs. Puis elle va dans la salle de bain pour se préparer. Elle se maquille une dernière fois. Un jour elle m'avait lu une phrase d'un moine bouddhiste qui disait que lorsqu'une femme se maquille, elle participe à l'embellissement du monde.

Lorsque l'accompagnateur d'Exit arrive, elle est en train de passer l'aspirateur dans la salle de bain et nous dit: «J'arrive, mais je dois finir pour que tout soit en ordre.»

Ah! son amour de l'ordre, de la propreté, qui m'a souvent agacé.

«Jusque-là!» me dis-je.

«C'est un amour de la beauté!» rétorquait-elle.

Elle descend et vient dans le salon où nous l'attendons. Nous avons installé une chaise longue devant la porte-fenêtre donnant sur le jardin.

C'est là qu'elle a voulu mourir – avec notre accord, bien sûr–, car elle refusait que cela se passe dans sa chambre. Afin, disait-elle, de ne pas charger cette pièce et que nous puissions continuer à l'utiliser.

Elisabeth et moi avons craint, dans un premier temps, que ce soit alors le salon qui reste chargé d'une image, d'un fantôme.

La suite a montré le contraire, preuve je pense, que tout le cheminement avait pu se réaliser avec justesse.

L'accompagnateur lui demande comment elle se sent et lui redit qu'elle peut renoncer jusqu'à la dernière seconde. Toujours aussi déterminée, Anne réaffirme sa décision avec un calme et une sérénité qui nous impressionnent tous les trois.

Pendant qu'il prépare à la cuisine ce qu'elle appelle en souriant la potion magique, elle embrasse avec tendresse sa mère, puis se jette dans mes bras, me serre et me dit à l'oreille : « Je suis désolée, je n'ai souvent pas été adéquate ». Bouleversé par ces mots, je ne peux que lui dire : « Qui est adéquat ? Par rapport à qui, à quoi ? L'essentiel est que tu aies vécu ta vie et que nous nous soyons aimés. »

Elle se détache de moi, les yeux humides et retrouvant son sourire s'installe sur la chaise longue.

Il lui est à nouveau demandé si elle est toujours décidée.

Elle saisit d'un geste assuré le verre qui lui est tendu et le vide d'un trait.

Puis, faisant la grimace, elle dit à l'accompagnateur : « Vous aviez raison, c'est vraiment infect ! » Toujours avec le sourire.

Après une gorgée de sirop que nous lui avions préparé pour atténuer le goût amer du liquide, elle s'installe confortablement.

Elisabeth et moi, chacun d'un côté, lui tenons la main.

Au bout de deux ou trois minutes, son regard se brouille, ses yeux se ferment et elle dit dans un souffle : « La tête me tourne. » Elle s'endort, insensible désormais à toute sollicitation.

Nous serrons ses mains dans les nôtres.

Je l'embrasse tendrement. Elisabeth la prend dans ses bras: «Ma petite fille» dit-elle en larmes.

Tout se passe comme si je ne ressentais plus rien pendant un moment, mon cerveau se contentant d'enregistrer la scène sans autre commentaire que celui-ci: «Que c'est facile de mourir… En tous cas pour elle…»

Esther est arrivée. Elle se serre contre sa sœur un long moment en pleurant doucement.

Le cœur d'Anne battra encore pendant deux heures et demie avant de s'arrêter définitivement.

C'est très impressionnant et je repense à ce qu'elle nous avait dit la veille: «J'espère, avec ma chance habituelle, qu'ils ne vont pas se tromper dans les dosages».

Et si cela était? Et si elle ne mourait pas, qu'elle revienne à elle, dans quel état?

Nous avons apprécié durant ces longs moments la présence rassurante de l'accompagnateur, médecin retraité.

Deux heures et demie auprès d'elle, pris dans une rivière d'émotions au cours étonnamment paisible. Tristesse, sentiment de perte d'un être cher… notre fille… Soulagement aussi pour elle qui, à cause de son cancer, était condamnée à une survie douloureuse qu'elle ne pouvait accepter.

Deux heures et demie qui nous ont permis à nous, parents, et à sa sœur, de prendre congé d'elle dans l'apaisement progressif des émotions et l'intégration de l'événement attendu, craint, qui maintenant se manifestait dans sa froide réalité :

Anne est morte.

Il y eut toute la suite officielle, incontournable en de telles circonstances. La venue de deux policiers, puis celle de leur supérieur, l'examen du médecin légiste, le contact avec le procureur autorisant la levée du corps, puis l'arrivée des pompes funèbres, repartant bientôt avec le corps d'Anne.

J'avais craint ces moments, mais ils se déroulèrent avec un grand calme, dans le respect et la sérénité que l'officier de police, impressionné et ému, releva devant nous en évoquant la mort récente de son père.

Durant toutes ces formalités, nous appréciâmes à nouveau grandement la présence efficace et empathique du représentant d'Exit. Il resta jusqu'au départ des pompes funèbres, non sans avoir vérifié si nous éprouvions le besoin qu'il demeure encore un peu avec nous. Il nous quitta en nous disant que cet accompagnement le marquerait jusqu'à la fin de ses jours, tant il avait été frappé par l'attitude d'emblée si déterminée et calme d'Anne et par la sérénité qu'il avait perçue chez nous et qui le touchait profondément.

Anne avait été fidèle à elle-même jusqu'au dernier moment.

Quant à nous, nous ne faisions pas semblant, ni ne voulions jouer aux héros. Nous avions parcouru ensemble un chemin intérieur et relationnel qui nous permettait d'être là, posés à l'intérieur de nous, avec émotion, et dans notre axe.

Esther, de son côté, avait effectué son propre processus, parfois difficile, qu'elle résuma peu après de la manière suivante: «J'ai pu me réconcilier intérieurement avec ma sœur (la relation ne fut pas toujours simple) et avec moi-même.»

II

21-24 avril 2017

L'entreprise des pompes funèbres ne disposait pas de cercueil en carton. Si notre demande put susciter un léger étonnement, l'homme de métier s'efforça de n'en rien laisser paraître.

« Mais, nous avons un modèle en contreplaqué ».

Je n'eus pas la force de poser la question concernant les colles utilisées.

Puis vinrent les détails de l'organisation concrète de l'incinération.

Pour respecter la volonté d'Anne, son corps reposerait dans un salon funéraire (« Pas d'église, surtout ! ») jusqu'au matin de la crémation.

Nous avons informé les membres de la famille et les amis qu'il n'y aurait pas de service funèbre public, mais qu'Elisabeth, Esther et moi-même nous nous recueillerions près du cercueil avant le départ du corps vers le crématorium. Puis que nous irions disperser ses cendres, l'été venu, dans les Cévennes. Telles étaient les demandes d'Anne.

Nous avons demandé à toutes les personnes contactées de se joindre à nous par les pensées et le cœur, chacune à sa manière. Par la suite, nous avons appris qu'il y eut, en ce matin d'avril, un intense réseau invisible autour de nous, ce que nous avons ressenti sur le moment avec gratitude.

Certains allumèrent une bougie, d'autres méditèrent ou écoutèrent de la musique, un ami peignit un tableau…

Les messages, émouvants, affluèrent peu après.

En ces instants de recueillement auprès du cercueil, nous avons écouté un extrait d'un concerto de J-S. Bach. Puis je lus quelques passages du magnifique « Requiem athée » de Michel Onfray. Enfin, nous laissâmes le jeu subtil et inimitable de Glenn Gould terminer cette cérémonie intime, sobre et intense.

Anne qui avait beaucoup joué du piano aimait particulièrement cet interprète qu'elle disait habité.

Dehors, serrés tous trois l'un contre l'autre, nous avons regardé partir le corbillard emportant le cercueil vers le lieu de l'incinération.

Cette fois, Anne nous quittait complètement.

Je repensai alors à une autre cérémonie qui s'était déroulée quelques mois auparavant.

Un vieil ami, avant de mourir d'un cancer, m'avait demandé d'animer une cérémonie laïque pour son enterrement. J'avais accepté et vécu avec beaucoup d'émotion ces moments, sans me douter que je serais peu après amené à revivre un tel événement, mais pour ma fille cette fois.

Dans le vide sidéral
Tes atomes dansent encore (...)
L'âme éparpillée dans le cosmos
Scintille en morceaux de soleil.
Elle brille en fragments dans l'âme de ceux qui restent.

Michel Onfray
Un Requiem athée

12

Hier, ton corps a été incinéré.

Cet été, nous répandrons tes cendres dans les Cévennes.

Ta conscience s'est éteinte. Du moins c'est ce que je pense.

Nous n'étions pas tout à fait d'accord à ce sujet.

À plusieurs reprises, nous avons eu des discussions au sujet de la mort et de ce qu'il advient après.

Tu voyais les choses autrement que moi, persuadée de la survivance de la conscience (de l'âme?). Nous nous étions même quelque peu heurtés parfois.

Aujourd'hui, cela m'apparaît dérisoire et tellement vain.

Qui peut prétendre savoir? Qui peut affirmer avoir tort ou raison face à ce mystère?

Un mystère qui pulvérise la prétention de nos croyances!

Qu'importent les croyances ! C'est en leur nom que tant de souffrances ont eu lieu – ont encore lieu –, les humains oubliant, négligeant la seule réalité sur laquelle nous ayons quelque pouvoir véritable, la vie, ici et maintenant.

Tu es présente dans la pensée et la mémoire de ceux qui t'ont connue et aimée.

Morte et en même temps présente. Cela aussi est un mystère.

Cette trace, avec le temps, disparaîtra comme a disparu celle des innombrables humains qui t'ont devancée dans la mort au cours des siècles.

Tu as franchi le pont vers l'indicible, l'inconnu.

Ce franchissement ne te faisait aucunement peur.

Tu m'avais demandé de dire à un ami, lui-même atteint d'un grave cancer, qui s'est montré très présent et d'un grand soutien pour nous : « Dis-lui que je l'attendrai de l'autre côté du pont et qu'ensemble nous pourrons discuter du mystère. »

Il en a été très ému. Ta façon de quitter cette vie a été pour lui, selon ses propres mots, une leçon de vie. Comme elle l'est pour moi.

C'est comme si ta mort m'avait allégé d'un vieux et lourd manteau de peurs qui me serrait aux épaules.

Incroyable : ta mort, une leçon de vie !

La vie continue sans toi...

« (...) par une nouvelle transformation,
elle avait passé dans la mort, exactement
comme se suivent les quatre saisons,
le printemps et l'automne, l'hiver et l'été.»

Tchouang-Tseu

13

Les proches qui avaient été mis dans la confidence quant au choix d'Anne se manifestèrent en premier. Leur présence à distance avait été un soutien inestimable.

Puis ce fut un cercle plus large: les personnes qui la savaient gravement malade, sans plus de détails toutefois.

Le cercle s'élargit encore après la parution du sobre faire-part, au lendemain de l'incinération.

Surprise exprimée face à la rapidité du décès, tristesse, choc, questions...

Autant nous avions été discrets avant sa mort, autant il nous semblait important désormais de parler du choix de mourir, chaque fois que nous rencontrerions une ouverture en face de nous.

En fait, nous fûmes amenés la plupart du temps à nommer les choses de façon naturelle et simple. Et nous fûmes surpris et émus par la qualité des échos recueillis :

«À sa place, je ferais pareil.»

«Elle a fait un bon choix.»

Au-delà de l'empathie, nous entendions des réactions non seulement de compréhension, mais aussi d'adhésion envers sa décision, et cela même de la part de personnes dont nous aurions pu craindre de l'incompréhension, voire du jugement.

À quelques reprises, s'exprimèrent au premier abord un étonnement, parfois même un réel bouleversement, avant qu'il ne soit possible à l'interlocuteur d'intégrer la nouvelle et d'entrer ensuite dans un échange ouvert, paisible et manifestement fécond.

Que de réflexions profondes nous avons ainsi pu partager à propos de la mort, de la souffrance, de l'acharnement thérapeutique et du droit de mourir dans la dignité !

Les langues se déliaient, comme dans le soulagement d'une parole soudain libérée du poids d'un tabou.

Des mots revenaient fréquemment : courage, lucidité, exemplarité.

Des questions récurrentes aussi :

« Comment, en tant que parents avez-vous pu ainsi accepter son choix et l'accompagner vers la mort ? »

« Perdre un enfant, n'est-ce pas la chose la plus terrible qui puisse arriver ? »

«Alors, comment avez-vous pu traverser cette période atroce sans sombrer ? »

Malgré tout ce que l'on peut imaginer, cette aventure ne fut pas « terrible ».

Non ! Difficile, bouleversante certes, surtout au début.

Puis, une fois entrés dans l'acceptation profonde et dans le mouvement du processus, cela devint, non seulement supportable, mais se révéla finalement, j'ose le mot, beau.

Car Anne nous a fait un véritable cadeau en mourant de la façon qui lui évita une fin de vie très douloureuse, une agonie qui aurait alors été pour elle – et pour nous ses proches – beaucoup plus difficile, terrible à supporter.

Même si elle était notre fille, notre enfant, elle était une adulte qui avait fait un choix qu'elle assumait entièrement.

Elle nous a permis de nous préparer et de l'accompagner jour après jour, dans une sérénité surprenante, jusqu'au terme de son chemin terrestre.

Anne est morte, pleinement vivante.

De tels propos de notre part ont souvent laissé place, en face de nous, à l'étonnement, au silence, aux larmes.

Chaque rencontre a déposé en nous un goût de paix, un sentiment d'achevé, au cœur même de la douleur de la séparation.

14

Une infinie tristesse, telle une crue subite m'envahit tandis que, roulant à travers la ville, j'écoute les suites pour violoncelle de J-S. Bach.

D'un seul coup, tout me semble futile, dérisoire, absurde.

Le mouvement des voitures, celui des piétons et par extension toute l'existence humaine m'apparaissent comme une pièce de théâtre dont les acteurs auraient oublié qu'ils jouent un rôle.

Arrêté à un feu rouge, mon regard se pose distraitement sur un massif de fleurs au bord de la route.

La touffe végétale d'un rouge éclatant m'atteint comme en plein cœur et m'extirpe brusquement de ma tristesse.

« Ça c'est important, me dis-je, et ce n'est pas une pièce de théâtre.»

J'entends à nouveau la musique, d'une façon différente et je me laisse caresser par un sentiment qui pointe en moi.

Mais oui, de la joie !

Comment puis-je donc passer si rapidement d'un versant émotionnel à l'autre ?

Me reviennent ces propos de Julien Green : « Au fond de toute œuvre de Bach, il y a la joie. »

Je savoure cet instant.

15

Absence.

Surprenante, déroutante.

Il y a si peu de temps que tu es morte. Tu es encore tellement présente dans la maison, dans le jardin où une multitude de petites choses me font penser à toi.

Comme le bassin pour les animaux, près des groseilliers. « N'oublie pas de changer l'eau et de le nettoyer régulièrement ! »

J'ai l'impression parfois que tu vas apparaître d'un instant à l'autre, affublée de tes vieux habits et de tes bottes, au retour de l'une de tes longues promenades dans la forêt que tu affectionnais tant et qui t'étaient vitales.

À certains moments, je me surprends à penser : «Ah ! il faudra que je dise cela à Anne ! » Et puis je réalise aussitôt que non, je ne pourrai pas lui dire, plus jamais.

Alors ton absence, comme une vague déferlante, me submerge d'une eau noire et les larmes embuent mes yeux.

Et puis, peu de temps après – étonnant contraste – je me retrouve sur la berge d'une douce tranquillité.

Dans ce lieu paisible, s'impose l'évidence de la justesse du choix que tu as fait de partir ainsi.

Mais, tu ne verras plus les roses, ni le milan qui répondait à ton appel en plongeant à quelques mètres de toi d'un coup d'aile majestueux, pour saisir prestement entre ses serres le morceau de viande que tu avais déposé à son intention au milieu du jardin.
Il surgissait, rapide et précis, à l'étonnement des chats qui s'aplatissaient au sol de surprise.

Parfois, j'ai peur de ne plus penser à toi, d'oublier ton visage, le son de ta voix.

Quelle marque de notre court passage laissons-nous sur la terre ?
Devons-nous absolument nous préoccuper de laisser une marque ?

Celle-ci ne se fait-elle pas d'elle-même, dans l'authenticité de la trame ténue de notre présence au monde, au quotidien ?

16

Ce soir je ne parviens pas à trouver le sommeil.

Diverses pensées s'agitent en mon esprit. Soudain, le souvenir d'une scène liée à sa mort surgit, et avec lui une très grande émotion : Anne qui se serre contre moi en murmurant à mon oreille : « Je n'ai pas été toujours très adéquate ».

Je repense à ma réponse en me disant que j'aurais pu dire quelque chose de mieux, de plus utile, de plus… adéquat.

Mieux, utile, adéquat ?

J'ai prononcé les paroles qui ont surgi sur le moment, sans réfléchir. Cela venait du cœur. « L'essentiel c'est que tu aies vécu ta vie, que nous nous soyons aimés. »

C'est à elle que j'ai dit cela, mais maintenant je me le dis à moi-même également.

Tristesse. Regrets. Doutes.

Culpabilité.

L'ai-je trop mal comprise durant son trajet de vie si bousculé ?

Lui ai-je prodigué suffisamment de soutien, d'amour ?

Ai-je été un bon père pour elle ?

Pourquoi faut-il donc que les relations humaines soient souvent si compliquées, si tumultueuses, et que l'incompréhension vienne à s'interposer, en nous coupant de l'essentiel ?

Simplement laisser passer l'émotion, restant à son contact, sans lui opposer de résistance.

La crue doit pouvoir trouver un espace d'écoulement.

Me concentrer sur la sensation rassurante et apaisante de mon corps étendu sur le matelas mœlleux.

Je m'endors brusquement.

Le lendemain matin au réveil, je retrouve immédiatement l'image de la veille, accompagnée d'une émotion plus douce.

La crue est passée.

Je sais qu'il y en aura d'autres, jusqu'à ce que la rivière ait retrouvé son étiage.

Je me lève lentement, en prenant le temps de me poser au sol.

Une longue journée de thérapie se présente à moi.

17

Au travers de cette aventure s'est imposée à moi la nécessité impérieuse d'intégrer la composante incontournable de notre condition humaine : la finitude, la mort.

Chaque fois qu'il se rendait à un enterrement, le philosophe Jankélévitch s'étonnait que les gens s'étonnent d'être mortels !

La mort fait peur.

Synonyme de douleur, d'inconnu et d'anéantissement, elle résonne sur un refus viscéral de considérer la disparition de notre personne individuelle lancée, entre insignifiance et grandeur, dans le gigantesque univers.

Ce refus et cette peur ont été constamment alimentés et amplifiés par les divers discours religieux sur l'après-vie, teintés de culpabilité.

Je ressens l'urgence de vivre pleinement aujourd'hui, sans gaspiller ni polluer (aux sens propre et figuré) cette vie si précieuse.

L'urgence d'en soigner la dimension au sein de laquelle, à notre niveau, elle se révèle : la relation. À soi-même, à l'autre, au monde.

Parfois, je crains que cette conscience brutalement réveillée en moi ne s'estompe peu à peu, ne s'enlise dans les sables mouvants du quotidien et de l'habitude.

Je voudrais conserver intact le sentiment de cette urgence liée à la précarité de la vie et à son mystère.

Je voudrais ne pas cesser d'en admirer la beauté qui s'offre à mon regard, sans en occulter la dimension incompréhensible, violente et douloureuse.

M'est-il possible d'en assumer tous les paradoxes jusqu'au terme de mon cheminement terrestre ?

Quand je pense à Anne, j'ai l'image d'une personne vivante.

Car elle le fut, jusqu'à la dernière minute.

Pour reprendre l'expression de Dominique, un ami cher :

« Je veux arriver vivant à ma mort. »

18

Plusieurs patients, qui avaient appris le décès de ma fille, ont osé, avec beaucoup de respect et de délicatesse, m'exprimer leur sympathie et leur soutien.

Ils m'ont dit leur émotion et m'ont demandé comment je parvenais à vivre cette douloureuse période.

« Mais, comment faites-vous ? »

Leur attitude m'a beaucoup touché et je leur en suis profondément reconnaissant.

Cela a donné lieu à plusieurs séances d'une intensité et d'une authenticité surprenantes.

Au travers d'une remarquable qualité de rencontre, dans le partage de la même condition humaine, la dimension existentielle pouvait être abordée, travaillée, d'une façon simple, vraie, qui amenait la thérapie à un niveau différent, empreint d'une rare profondeur.

Une jeune femme qui arrivait au terme de sa grossesse avait été particulièrement émue par la nouvelle qui résonnait sur ses angoisses personnelles.

À la fin de la séance, elle me dit: «Je vous remercie pour ces moments. Ce qui m'a le plus touchée, c'est d'avoir senti durant la séance que la rivière de la vie continue à couler en vous.»

La rivière de la vie continue à couler…

Anne
(25 juin 1973 - 20 avril 2017)

Remerciements

Je remercie toutes les personnes qui ont manifesté leur présence et leur soutien au cours de cette traversée, et celles qui ont contribué à l'écriture de ce texte par leur lecture, leurs commentaires, leurs corrections.

Un merci particulier à :

Dominique Sauzet, pour la saisie du texte et nos échanges.

Jean-Samuel Grand, qui d'emblée a accepté d'éditer ce petit livre traitant d'un sujet souvent tabou.

Jean-Claude Verdon, pour sa généreuse participation et la présente publication.

Table des matières

Éditions Ouverture

La spiritualité, ce n'est pas de savoir
ce que vous voulez, mais de comprendre
ce dont vous n'avez pas besoin.

Anthony de Mello

Aujourd'hui, l'être humain est ouvertement menacé par une idéologie, qui ne se réfère plus qu'à l'argent. Il cherche pourtant, et souvent désespérément, une issue à l'emprise sournoise de ce système. Plus que jamais et de toute urgence, dès maintenant et surtout pour l'avenir de nos enfants, notre humanité a besoin de l'Esprit qui souffle, anime et vivifie.

Bien modestement, mais avec une énergie toujours renouvelée, notre maison entend contribuer à ce travail de longue germination. Les publications que nous vous proposons sont écrites par des hommes et des femmes qui cherchent comme vous. Bien au-delà des discours lénifiants – aussi séduisants et sécurisants soient-ils –, nos auteurs, préfaciers, illustrateurs, toutes celles et ceux qui collaborent avec nous, vous parleront de cœur à cœur, pour que vivent et se réalisent pleinement nos vies.

Seul un but réaliste et spirituel peut donner un sens à notre monde, ainsi qu'à notre existence, car toutes et tous, nous sommes assoiffés d'authenticité et de vérité.

Risquons donc cette quête d'un amour véritable, le seul qui puisse nous faire grandir en devenant totalement nous-mêmes.

Seul l'Esprit, s'il souffle sur la glaise,
peut créer l'Homme.

Antoine de St-Exupéry

Anne
une mort choisie

achève de s'imprimer en janvier 2018
sur les presses
de l'Atelier Grand SA
imprimeurs-éditeurs
au Mont-sur-Lausanne (Suisse)
pour le compte de
la Fondation Ouverture